Dieses Buch gehört

Liebe Eltern,

mit der Weltsprache Englisch kommt Ihr Kind im Alltag häufig in Berührung. Wir wollen es beim Englischlernen unterstützen.

Unsere Bücher mit der liebenswerten Bildermaus enthalten kurze Geschichten auf Deutsch und auf Englisch mit einfachen Sätzen sowie großer und leicht lesbarer Schrift. Hauptwörter werden durch kleine Bilder ersetzt. Lesen Sie die Geschichten vor und lassen Sie Ihr Kind die Bilder selbst benennen. Auf jeder Seite finden Sie eine Bild-Wörterliste mit den einzelnen Vokabeln. Mit dem Domino-Spiel können Sie die neuen Wörter gemeinsam üben.

So wird Ihr Kind ganz nebenbei von der Bildermaus zum echten Leselöwen!

Viel Spaß! Have fun!

Ihre
Bildermaus

Bildermaus

Mit Bildern Englisch lernen

Milena Baisch

Geschichten vom kleinen Hasen

Little Rabbit Stories

Illustriert von Dorothea Ackroyd
Übersetzt von David Ingram

Loewe

Milena Baisch wurde 1976 geboren. Nach der Schule begann sie, Kinderbücher zu schreiben, und besuchte an der Filmakademie in Berlin die Drehbuch-Klasse. Seitdem schreibt sie neben Kinderbüchern auch Drehbücher für Film und Fernsehen.

Dorothea Ackroyd geboren 1960 in Herford, studierte an der FH Bielefeld Kommunikationsdesign. Seit 1990 ist sie als freischaffende Illustratorin tätig und hat seitdem mehr als 120 Bücher veröffentlicht, die zum Teil in 11 Sprachen übersetzt wurden. Sie lebt mit ihrer Familie auf der Sonnenseite des Teutoburger Waldes.

FSC
www.fsc.org
MIX
Papier aus verantwortungsvollen Quellen
FSC® C109273

ISBN 978-3-7432-0044-9
2. Auflage 2019
Überarbeitete Neuausgabe des Titels *Geschichten vom kleinen Hasen*

Ins Englische übersetzt von David Ingram
Umschlag- und Innenillustrationen: Dorothea Ackroyd
Umschlaggestaltung: Ramona Karl
Vignetten Bildermaus: Angelika Stubner
Reihenlogo nach einem Entwurf von Angelika Stubner
Printed in the EU

www.loewe-verlag.de
www.bildermaus.de

Inhalt

Der Regenbogen

Mats, der kleine  ,

riecht an den . Sie duften

so lecker und leuchten so schön,

weil heute die  scheint.

The Rainbow

Mats, the little , is smelling the . They smell so nice and look so bright because the  is shining today.

 rabbit

 sun

 flowers

Da landet plötzlich ein 

auf Mats' . Der kleine 

schaut hinauf zum .

Suddenly, a  lands on Mats's . The little  looks up at the .

	raindrop		rabbit
	nose		sky

Aus den  fallen 

auf die . Es regnet.

Aber hinter den 

sieht der kleine  noch etwas:

einen riesengroßen !

From the ,  are falling down onto the . It is raining. But behind the , the little  can see something else: an enormous !

 clouds

 rabbit

 raindrops

 rainbow

 earth

Der  ist wunderschön

und noch bunter als die .

Der kleine  denkt:

„An dem  will ich

gerne mal riechen!“

The  is beautiful and even more colourful than the . The little  thinks: “I would love to smell that !”

	rainbow		rabbit
	flowers		

Der  beginnt gleich hinter dem  und der  ist nicht weit. Mats hoppelt los.

Der kleine  springt quer über das ganze .

The  starts behind the  and the  isn't far away. Mats hops towards it. The little  runs straight across the whole .

 rainbow

 rabbit

 forest

 field

Als er an den  kommt,

muss er weit hüpfen, um das

andere  zu erreichen.

Im  führt der 

um viele  herum.

When he arrives at the ,

he has to jump to get to the

other . In the 

the  goes through

lots of .

	stream		path
	bank		trees
	forest		

Und dann fällt der kleine 

auch noch in eine  !

Sein  wird dabei patschnass.

Aber Mats hoppelt weiter.

Endlich hat der kleine 

den  hinter sich gelassen.

And then the little  falls into a  ! His 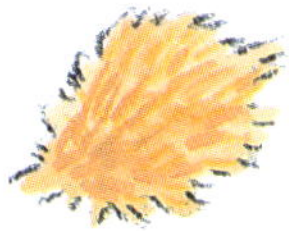 is soaking wet. But Mats hops on. Finally, the little  comes out of the  .

 rabbit

 fur

 puddle

 forest

Er schaut wieder zum 

hinauf. Aber wo ist der  ?

Die  sind weg und die 

scheint wieder hell und warm.

He looks up at the  again.

But where is the ?

The  have gone and

the  is shining bright and

warm again.

 sky

 clouds

 rainbow

 sun

Auf einmal ist der kleine 

sehr müde. Er legt sich auf

die  zwischen all

die bunten . Jetzt kann die

warme  sein  trocknen.

Und das ist auch sehr schön.

Suddenly, the little  feels very tired. He lies down on the  between all the colourful  . Now the warm  can dry his  .

And that is also very nice.

 rabbit

 meadow

 flowers

 sun

 fur

Mittagessen

Heute mag der kleine  nichts essen. Er ist kein bisschen hungrig.

„Willst du noch eine  ?“, fragt ihn Mama  .

Lunch

Today, the little  doesn't want to eat anything. He is not hungry at all. "Would you like another ?" Mummy  asks.

 rabbit

 carrot

Mats schüttelt den 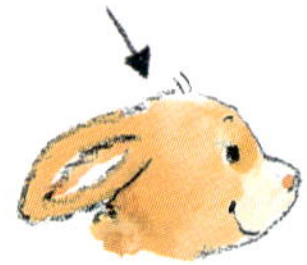 . „Bäh!
Igitt! Immer nur  und 
und  . Das ist langweilig!“

Mats shakes his  .

“Yuck! Ugh! It’s always 

and  and  .

That’s boring!”

 head

 grasses

 carrots

 grains

„Dann such dir doch was anderes“, sagt Mama  und futtert die  selber auf.

Mats hoppelt über die .

"Then look for something else then," says Mummy  , and eats the  herself. Mats hops across the  .

	rabbit		meadow
	carrot		

Da sitzt der 

und pickt in der .

„Was isst du denn da?“, fragt Mats.

„Köstliche “, sagt der .

„Magst du einen?“ Mit seinem 

zieht er einen  aus der .

The  is sitting there, and is pecking at the . "What are you eating?" Mats asks. "Delicious ," says the . "Would you like one?" With his , he pulls a  out of the .

 bird

 worms

 earth

 beak

„Bäh! Igitt!  !“, ruft Mats

und springt schnell davon.

Am  trifft der kleine 

den . „Was isst du denn

am liebsten?“, fragt Mats.

“Yuck! Ugh!  !” Mats cries, and he quickly hops away. At the , the little  meets the . “What is your favourite food?” Mats asks.

	worms		rabbit
	pond		frog

„Herrliche  “, antwortet der  . „Willst du mal probieren?“ Der  streckt seine lange 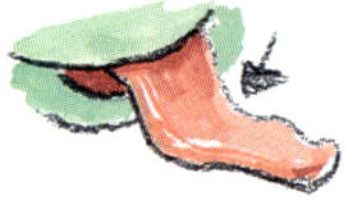 raus, fängt eine  und schluckt sie hinunter.

"Delicious ," answers the . "Would you like to try one?" The  sticks out his long 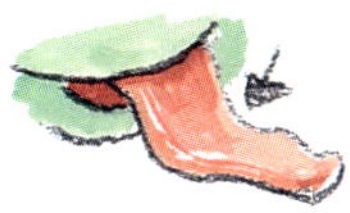, catches a  and swallows it.

 flies

 tongue

 frog

„Bäh! Igitt!  !“, schreit Mats

und flüchtet über den  .

Hinter dem  steht der 

auf der  .

"Yuck! Ugh! !" Mats cries

and runs off over the .

Behind the , the 

is standing in the .

 flies

 donkey

 mountain

 meadow

 farm

„Und was gibt es bei dir zu essen?“, fragt der kleine .

„Ach, bei mir gibt es immer nur langweilige “, sagt der .

„Willst du eine haben?“

"And what do you eat?" the little  asks. "I always eat boring ," says the . "Would you like one?"

 rabbit

 donkey

 carrots

„Oh, wie lecker!  !“, ruft

Mats begeistert und springt mitten

in den  des  .

Und dann frisst er so viele  ,

bis ihm fast der 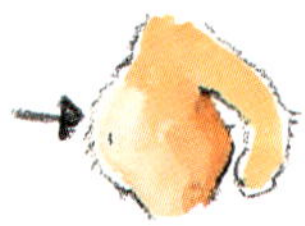 platzt.

“Oh yummy!  !” Mats cries excitedly, and he jumps right into the  of the  . And then he eats so many  that his 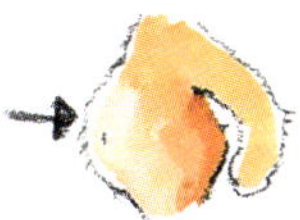 almost bursts!

 carrots

 donkey

 trough

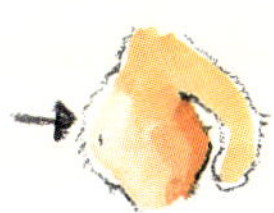 belly

Die Wörter zu den Bildern:

Erde

Hase

Blumen

Sonne

Tropfen

Nase

Himmel

Wolken

Regen-
tropfen

Regen-
bogen

Wald

Feld

Bach

Ufer

Weg

Bäume

Pfütze

Fell

Wiese

Möhre

Kopf

Gräser

Körner

Vogel

Würmer

Schnabel

Teich

Frosch

Fliegen

Zunge

Berg

Bauernhof

Esel

Futtertrog

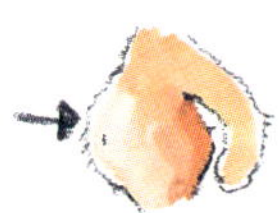
Bauch